TURINA
POEMA
EN FORMA DE CANCIONES

LETRA DE
RAMON DE CAMPOAMOR

UNION MUSICAL EDICIONES S.L.
CALLE MARQUES DE LA ENSENADA, 4
28004, MADRID.

Poema en forma de canciones

Letra de R. de CAMPOAMOR.

Música de JOAQUIN TURINA.

I.–Dedicatoria

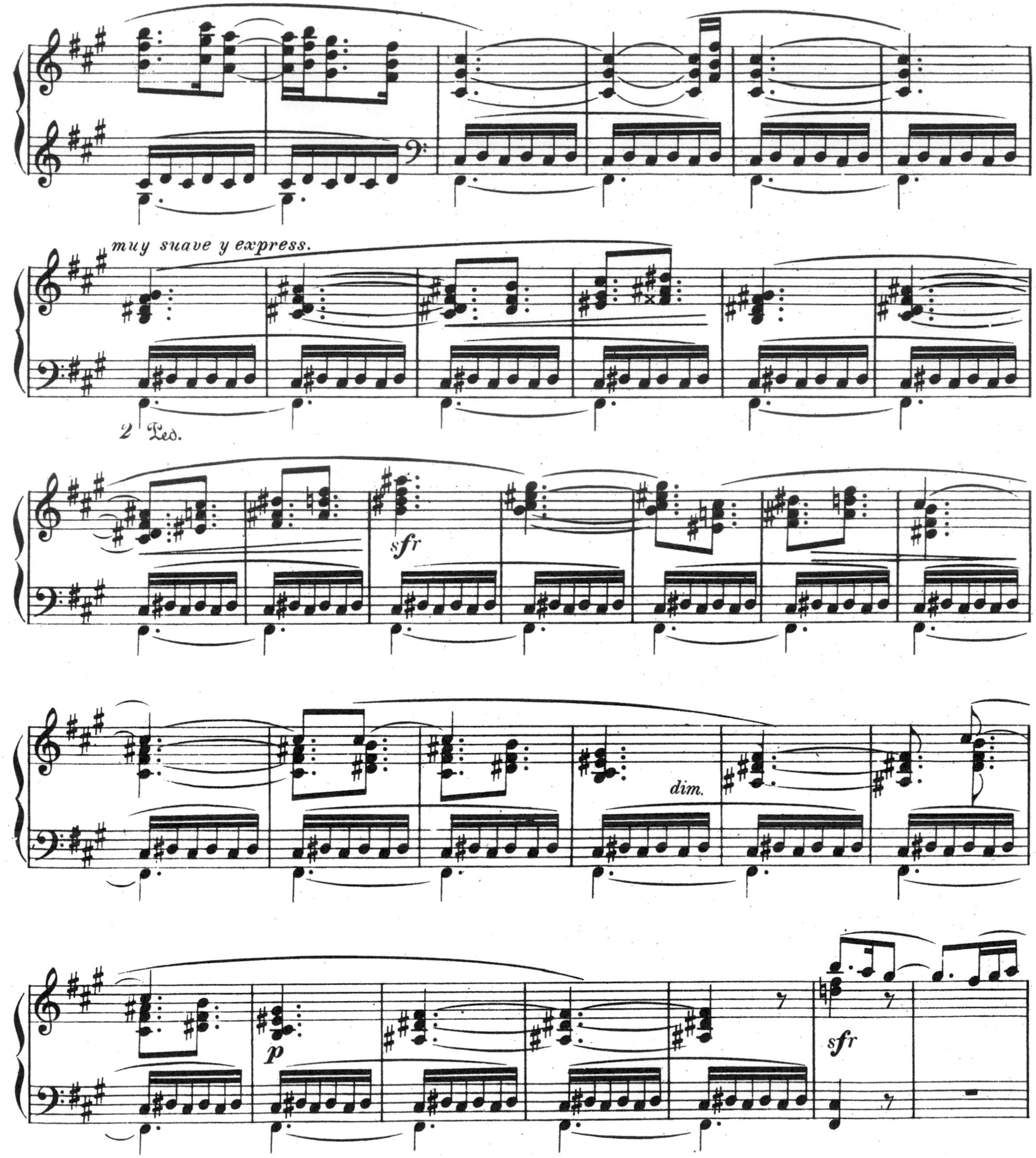

muy suave y express.
2 Ped.
sfr
dim.
p
sfr
cresc.

II.–Nunca olvida....

III.–Cantares

¡Ay! _____

Más cer _ ca de mí te sien _ to _____ cuan_do más

hu _ yo de tí _____ pues tu i _ ma _ gen _ es en mí _____ es en

mí _____ sombra de mi pen_sa_mien_to _____ sombra de

cediendo un

mi pen_sa_mien _ to _____

poco

p ¡Ay! _____

Allegretto

Vuel_ve_me_lo a de _ cir vuel_ve_me_lo a de _ cir

IV. Los dos miedos

Andantino casi Andante

Al comen_zar____ la no_che de a_quel di _ a e_lla le_jos de mí, ____ ¿Por_qué te acer_cas tan_to?____ me de_

ci‑a, _____ *mf* Ten‑go mie‑do *f* _____ de ti.

Allegretto

ff con lirismo

cresc. molto

mf

dim.

p

dim.

pp

V.–Las locas por amor

Ve _ _ _ _ _ _ nus _____

Te a_ma _ ré dio _ sa Ve _

nus si pre_fie_res que te a_me mu_cho tiem _ po y con_____ cor_

du _ _ _ ra _____

y res_pon_dió ____ la dio_sa de Ci_

te _ _ res ____

Pre _ fie _ ro ____ co_mo to_das las mu_

je _ res ____ que me a_men po_co tiempoyconlo _ cu _ _